运动健康100分
YunDongJianKang100Fen

四十二式太极剑

甘泉 编著

人民体育出版社

图书在版编目（CIP）数据

四十二式太极剑 / 甘泉编著. --北京：人民体育出版社，2020
（运动健康100分）
ISBN 978-7-5009-5740-9

Ⅰ. ①四… Ⅱ. ①甘… Ⅲ. ①剑术（武术）-基本知识 Ⅳ. ①G852.24

中国版本图书馆 CIP 数据核字（2020）第010834号

参编人员：高 翔 丁亚丽 高 飞
郭成敏 高 绅 李梦瑶

*
人民体育出版社出版发行
北京新华印刷有限公司印刷
新 华 书 店 经 销
*
880×1230 32 开本 4.75 印张 112 千字
2020 年 11 月第 1 版 2020 年 11 月第 1 次印刷
印数：1—2,500 册
*
ISBN 978-7-5009-5740-9
定价：32.00元

社址：北京市东城区体育馆路 8 号（天坛公园东门）
电话：67151482（发行部） 邮编：100061
传真：67151483 邮购：67118491
网址：www.sportspublish.cn

获2013年“体彩杯”全国武术套路锦标赛太极拳第一名

获2016年全国武术套路冠军赛陈式太极拳第一名

获2014年全国武术套路冠军赛太极拳金牌

2010年出访巴西表演太极拳

参加2013年《直通春晚·太极梅花桩》节目

在2018年中央电视台春节联欢晚会《双雄会》节目上表演太极拳

获2017年全国武术套路冠军赛太极拳金牌

与2018年中央电视台春节联欢晚会总导演杨东升合影

四十二式太极剑简介

四十二式太极剑，是中国武术研究院于1990年组织创编的太极剑普及套路，非常适合教练员、运动员和有一定基础的太极剑爱好者，是改进技术、提高水平和增强功力的理想剑法。

四十二式太极剑共42式（包括起势、收势），内容充实，取材广泛，吸收了不同流派太极剑法的精华，表现了太极剑轻缓连绵、动中寓静、刚柔相济的风格特点；同时，在结构和形神表现上，又加以丰富和创造，编排新颖，布局匀称，大大提高了套路的观赏性、技巧性、竞赛性和健身性，从而受到太极剑练习者的广泛欢迎。

目　录

一、起势

（一）预备势

【练法】

面南而立，两脚并拢，脚尖向前；畅胸舒背，身体直立，两臂自然垂于身体两侧；右手握成剑指，手心向里；左手持剑，手心向后，剑身竖直贴靠在左臂后面，剑尖向上。目视前方。（图1-1）

图1-1

【要点】

预备势之全身要保持自然中正，精神集中，头颈端正，下颌微收，两肩松沉，呼吸平稳。

（二）起势

【练法】

1. 左脚开步

左脚提起向左分开，两脚间距与肩同宽，身体重心移至两腿中间；同时，两臂微屈略内旋，两手距身体约10厘米。目视前方。（图1–2 ~ 图1–4）

图1–2

图1–3

图1–4

2. 提脚抱剑

两臂自然伸直，向左前方摆举至与肩平，手心向下；上体略左转。（图1–5、图1–6）

随之上体略右转，随转体右剑指右摆，至右前方后，屈肘向下划弧至腹前，手心向上；左手持剑右摆后，屈肘置于体前，腕同肩高，手心向下，两手心相对；同时，重心左移，左腿屈膝半蹲，右脚收提至左脚内侧（脚不触地）。（图1–7、图1–8）

图1–5

图1–6

图1–7

图1–8

3. 跟步伸臂

右脚向右前方（约45° ）上步，脚跟着地；同时，右剑指经左臂下向前上方摆举，右臂微屈，腕同肩高，手心向内；左手持剑附于右前臂内侧（剑柄在右前臂上方），手心向下。（图1–9）

继而，身体重心移向右腿，左脚跟步收至右脚内侧后方，脚尖点地；同时，右剑指向右前方伸送，手心斜向上；左手持剑屈肘置于右胸前，手心向下。（图1–10）

图1–9

图1–10

4. 弓步前指

重心微左移，右脚尖内扣；身体左转（约90° ），左脚向左前方上步，随之重心前移，成左弓步；同时，左手持剑经膝前向左划搂至左胯旁，左臂微屈，手心向后，剑身竖直，剑尖向上；右剑指屈肘经右耳旁向前指出，手心斜向前，指尖向上，腕同肩高。（图1–11、图1–12）

图1-11

图1-12

图1-12附图

【要点】

（1）提脚抱剑时，两臂举抱要与重心移动和腰部旋转协调配合；上体始终保持中正安舒，不可左右扭摆或俯仰，同时两肩要松沉，两臂要松活。

（2）弓步前指时，右脚扣转重心要平稳；左脚上步要轻灵，先以脚跟着地，再移动重心踏实全脚。

（3）假设面向南起势，丁步方向为西南，弓步方向为正东。

二、并步点剑

【练法】

1. 上步穿剑

重心前移，右脚经左脚内侧向右前方（东南）上步；同时，左手持剑经胸前向前穿出至右腕上（剑柄贴靠右腕）。（图2-1、图2-2）

图2-1

图2-2

图2-2附图

2. 分手提脚

重心前移，右腿屈弓，左脚收提至右脚内侧；同时，两手分别向左右两侧划弧分开，再屈肘向下划弧置于胯旁，手心均向下。（图2–3、图2–4）

图2–3

图2–4

3. 弓步搂剑

左脚向左前方（东北）上步，重心前移，成左弓步；同时，两手侧分外摆，略高于肩，随即向前划弧于体前相合，高与肩齐。左手心向外，臂成弧形，剑身贴靠左前臂，剑尖斜向后；右手扶于剑柄准备接剑。（图2–5、图2–6）

图2-5

图2-6

4. 并步点剑

身体重心前移，右脚向左脚并步，屈膝半蹲；同时，右手接握剑柄，随即以腕关节为轴，使剑尖由身体左后方经上向前划弧，至腕与胸同高时，提腕使剑尖向前下方点剑；左手变剑指附于右腕内侧。（图2-7、图2-8）

图2-7

图2-8

【要点】

（1）穿剑与上步一致，两手分摆与弓步一致，两手内收与提脚一致。剑身轻贴于左前臂，时离时合，随其自然。

（2）右手接剑要灵活、连贯，握剑要靠近护手。

（3）点剑时，伸臂提腕，沉肩顶头，上体正直，剑尖由上向前下点击，力点贯注剑端。

（4）并步与点剑同时到位，协调一致。并步时，两脚平行靠拢，屈腿落臂，方向为东北。

三、弓步削剑

【练法】

1. 提脚沉剑

身体重心移至左腿，右脚跟提起；同时，右手握剑沉腕旋臂，变手心向上，使剑尖划一小弧；左剑指屈肘置于右前臂内上侧。（图3-1）

图3-1

2. 弓步削剑

右脚向右后方（正南偏西）后撤步，脚尖着地。（图3-2）身体右转，重心右移；右腿屈弓，左腿蹬直，左脚跟外展，成右弓步；同时，右手握剑随转体向右上方斜削，腕同肩高，手心斜向上；左剑指向左下分摆，置于胯旁，手心斜向下，指尖向前。（图3-3、图3-4）

图3-2

图3-3

图3-4

【要点】

（1）沉剑动作要柔和，以沉腕、旋臂带动剑尖划一小弧，两手合于体前。

（2）撤步为常用步法，指一脚向后或向侧后方撤退半步。例如，后脚后退半步，前脚后收半步等。此处右脚撤步以脚跟先着地，应与转腰展胯配合。初学者如感困难，可改为前脚掌先着地，再转腰碾脚向正南偏西。

（3）削剑动作应与转腰、弓步协调一致，以腰带臂，以臂运剑，最后右臂与剑成直线斜向右上方，右臂与右腿上下相对。

（4）削剑时，平剑自左下方经胸前向右上方斜向削出，手心斜向上，剑尖略高于头，力点沿剑上刃由后向前滑动。

四、提膝劈剑

【练法】

1. 后坐摆剑

左腿屈膝，身体重心后移，上体随之右转，右脚尖翘起外摆；同时，右手握剑向右、向后划弧，手心向上；左剑指向右划弧摆至右肩前。（图4-1）

图4-1

2. 独立劈剑

身体略向左转，重心前移，右脚踏实，左腿屈膝提起，成右独立步；同时，右手握剑划弧至体后方，随即上举，向前劈出，剑、臂平直；左剑指经下向左划弧摆举至体侧，高与肩平，手心向外，指尖向前。（图4-2～图4-4）

图4-2

图4-3

图4-4

【要点】

（1）转腰与摆剑协调一致，独立与劈剑协调一致。

（2）独立步时，上体竖直，顶头立腰；左腿屈膝高提过腰，左脚绷直护于裆前；右腿独立站稳，右脚趾扣地。

（3）劈剑为立剑，自上而下，力达剑身下刃。本式劈剑方向为西南，右臂伸直，左臂侧撑，两臂皆与肩同高。

五、左弓步拦

【练法】

1. 落脚挽剑

右腿屈膝半蹲，上体略左转；左脚向左落地，脚跟着地；同时，右手握剑以腕关节为轴，使剑尖在体前顺时针挽成一小圆弧；左剑指向右划弧，摆于右前臂内侧，手心向下。（图5-1、图5-2）

图5-1

图5-2

2. 弓步拦剑

身体左转（约90°），随之重心前移，左脚踏实，右脚跟外展，成左弓步；同时，右手握剑，随转体经下向左前方划弧拦出，手心斜向上，腕同胸高；左剑指经下向左、向上划弧，臂成弧形举于头侧上方，手心斜向上。（图5-3、图5-4）

图5-3

图5-4

【要点】

（1）落脚上步与绕剑一致；弓步与拦剑一致。

（2）弓步方向为正东偏北；拦剑方向为正东，上体保持松正。

（3）左脚上步应脚跟先落地，重心保持平稳。初学者如感困难，可先脚掌落地，再碾脚、转身、弓腿成左弓步。

（4）拦剑为剑下刃自下向前阻拦。剑身斜向右前下方；剑把高不过头，低不过胸；剑尖高不过胸，低不过腰。力在剑下刃。

六、左虚步撩

【练法】

1. 转腰举剑

右腿屈膝，重心后移；左脚尖翘起稍外展，上体左转；剑上举划弧。（图6-1）

图6-1

2. 上步绕剑

重心前移，左脚落地踏实；上体右转，右脚向右前方（东南）上步，脚跟着地；同时，右手握剑随转体屈肘向上、向左划弧绕至左胯旁，手心向里，剑尖斜向后上方；左剑指下落附于右腕部。（图6–2、图6–3）

图6–2

图6–2附图

图6–3

3. 虚步撩剑

身体右转，右脚尖外展。重心前移，右脚踏实，右腿屈膝半蹲；左脚向左前方上步，成左虚步；同时，右手握剑向左前上方立圆撩至头前上方，右臂微屈，手心向外，剑尖略低于手；左剑指附于右臂内侧。（图6–4、图6–5）

图6–4

图6–5

【要点】

（1）绕剑应与转体、上步协调一致；撩剑与左脚上步协调一致。绕剑路线成贴身立圆，定势方向为东南。整体动作保持连贯圆活，身械协调。

（2）撩剑为立剑自下向上撩击，力点在剑下刃前部。

七、右弓步撩

【练法】

1. 上步绕剑

身体略向右转，左脚向左（东）上步，脚跟着地，重心前移；同时，右手握剑向右划弧至身体右上方，腕稍低于肩，右臂微屈，剑尖向上；左剑指屈肘落于右腹前，手心向下。（图7-1）

图7-1

2. 弓步撩剑

身体左转，重心前移，左脚尖外展，落地踏实。继而右脚向前（东）上步，随重心前移成右弓步；同时，右手握剑经下向前立剑撩出，腕同肩高，手心斜向上，剑尖稍斜向下；左剑指向下、向左上方划弧，臂成弧形举于头侧上方，手心斜向上。（图7–2 ~ 图7–4）

图7–2

图7–3

图7–4

【要点】

（1）绕剑贴近身体成立圆，转腰挥臂幅度宜大，且要式动神随。

（2）上步应轻灵平稳，虚实分明。

（3）撩剑定势为正东，力达剑下刃前部。

八、提膝捧剑

【练法】

1. 转腰带剑

左腿屈膝半蹲，重心后移，身体略向左转；同时，右手握剑随转体向左平带，手心向上，剑尖向右前；左剑指屈肘下落附于右腕部，手心向下。（图8-1）

图8-1

2. 虚步带剑

身体略向右转，右脚向后退步。（图8-2）

重心后移，成左虚步；同时，右手握剑随转体手心转向下，使剑经体前向右平带至右胯旁，剑尖向左前；左剑指向下、向左划弧至左胯旁，手心向下。（图8-3、图8-4）

图8-2

图8-3

图8-4

3. 独立捧剑

左脚向前活步，重心前移。（图8–5）

左腿自然直立，右腿屈膝提起，成左独立步；同时，两手手心翻转向上，随提膝由两侧向胸前相合，左剑指捧托于右手背下，与胸同高；剑尖向前，略高于腕。（图8–6、图8–7）

图8–5

图8–6

图8–7

【要点】

（1）左右转体带剑时，以腰带臂，以臂领剑，使步、腰、臂协调一致。剑左右摆动要柔和、连贯、平稳。

（2）捧剑应与提膝独立协调一致；提膝应高过腰部，独立要支撑稳定。

九、蹬脚前刺

【练法】

1. 捧剑后引

两手捧剑，略向后收引。（图9–1）

图9–1

2. 蹬脚刺剑

左腿直立，右脚以脚跟为力点，勾脚向前蹬出；同时，两手捧剑向前平刺。（图9–2）

图9–2

【要点】

（1）蹬脚时，缩髋、立腰，上体保持中正舒展，脚高过水平面。

（2）收剑引至腹前；刺剑高与肩平，两臂松沉；定势方向为正东。

（3）刺剑时，臂由屈而伸，与剑身成直线，力达剑尖。

十、跳步平刺

【练法】

1. 落脚送剑

右脚向前落步，随之身体重心前移，左脚离地；两手捧剑前送平刺。（图10-1、图10-2）

图10-1

图10-2

2. 跳步收剑

右脚蹬地向前跳步，左脚前摆落地踏实，左腿微屈；右脚在左脚将落地时迅速向左脚内侧靠拢（脚不着地）；同时，两手内旋收于两胯旁，手心均向下。（图10–3）

右脚向前（正东）上步，成右弓步；同时，右手握剑经腰部向前平刺，腕同胸高，手心向上，劲注剑尖；左剑指经左向上、向前划弧，臂成弧形举于头侧上方，手心斜向上。（图10–4、图10–5）

图10–3

图10–4

图10-5

【要点】

（1）跳步应有两脚腾空的过程，既不要过于纵跳，也不应形成走步。

（2）右脚落地幅度要适当；左脚落地应前脚掌先落地，随即全脚踏实，屈腿缓冲。右脚收于左脚内侧后，应短暂停靠，再上步平刺。

十一、转身下刺

【练法】

1. 后坐收剑

左腿屈膝，重心后移；右腿自然伸直，脚尖上翘；同时，右手握剑左摆、右带，屈肘收至胸前，手心向上；左剑指屈肘置于胸前，手心向下；剑身平贴于左前臂下，两手心斜相对。（图11-1、图11-2）

图11-1

图11-2

2. 扣脚转身

右脚尖内扣落地，重心移至右腿，继而以右脚掌为轴身体左转（约270°）；左腿屈膝提起，收至右脚内侧（不着地）；两手合于右腰间。（图11–3、图11–4）

图11–3

图11–4

3. 弓步下刺

左脚向左前方（东南）落步，成左弓步；同时，右手握剑向左前下方平剑刺出，手心向上；左剑指向左、向上划弧，臂成弧形举于头侧上方，手心斜向上。（图11–5）

图11–5

【要点】

（1）收剑时，转腰屈臂带剑；收剑后，仍向正东。

（2）提脚转身应轻灵、平稳、连贯，上体保持正直。

（3）弓步刺剑时，手脚要协调一致；定势时，上体略向前倾，方向为东南。

十二、弓步平斩

【练法】

1. 提脚沉剑

重心前移，右脚收提于左脚内侧（脚不触地）；同时，右手握剑沉腕，手心斜向上；左剑指屈肘向前附于右前臂上。（图12-1）

图12-1

2. 侧弓步斩剑

右脚向右后方撤步，左脚碾步内扣，成右横裆步，身体右转（约90° ）；同时，右手握剑向右平斩；左剑指向左分展侧举，略低于胸，手心向左，指尖向前。（图12-2 ~ 图12-4）

图12-2

图12-3

图12-4

【要点】

（1）斩剑为平剑向左或向右斩，力在剑刃，高与颈齐。本式为剑自左向右平斩，手心向上，剑尖方向为西南，两腿左右成侧弓步（横裆步），斜向西北。

（2）横裆步的两脚应平行向前或略成八字，开胯圆裆；一腿屈弓，膝关节与脚尖上下相对；另一腿自然蹬直。

十三、弓步崩剑

【练法】

1. 转腰带剑

重心左移，身体左转，右脚尖上翘；随转体右手握剑，以剑柄领先，屈肘向左带剑至面前，手心向后；左剑指弧形左摆至左胯旁，手心向下，指尖向前。（图13–1）

图13–1

2. 插步格带

重心再右移，上体右转，左腿经右脚后向右插步，成交叉步；同时，右手握剑内旋翻转，向右格带，手心向下，腕同胸高，手臂自然伸直，剑尖向前，与肩同高；左剑指向左摆举，高与头平，手心向外，指尖向前。（图13–2 ~ 图13–4）

图13–2

图13–3

图13–4

3. 提腿捧剑

重心移至左腿，右腿屈膝提起；同时，两前臂向内划弧合于腹前，手心向上，剑尖向前；左剑指捧托于右手背下。（图13-5）

图13-5

4. 弓步崩剑

右脚向右（西北）落步，成右弓步，上体右转；同时，右手握剑右摆平崩，抖腕发力，劲贯剑端，腕同肩高，剑尖高于腕，右臂微屈，手心向下。（图13-6、图13-7）

图13-6

图13-7

【要点】

（1）此动作源自武当太极剑，整个动作要连贯灵活，腰、腿、臂、剑要协调一致。最后崩剑为发劲动作，要转腰、沉胯、垂肘、抖腕，力达剑端，发劲松弹。

（2）步法移动方向为自东南向西北斜进，定势弓步方向为西北。

（3）左脚向右插步后，动作不要停顿；右腿屈提捧剑时，不要做成独立步，动作也不要停顿。

（4）崩剑是以剑刃前端为力点，向上或向右点击，称为上崩或平崩。

十四、歇步压剑

【练法】

1. 插步举剑

身体左转，重心移至左腿；右脚向左脚后插步，前脚掌着地；同时，右手握剑经上向左划弧，变手心向下；左剑指先合后分。（图14-1~图14-3）

图14-1

图14-2

图14-3

2. 歇步压剑

两腿屈膝下蹲，成歇步；同时，右手握剑向下压剑，右臂微屈，腕同右膝高；左剑指向上划弧，臂成弧形举于头侧上方，手心斜向上。（图14-4）

图14-4

【要点】

（1）压剑为平剑，自上而下压制对方攻势，力点在剑面，剑尖向前。本式歇步压剑方向转为西南，剑身距地面约10厘米。肩肘松沉，上体略前倾。

（2）插步举剑时，左脚跟先向内扭转，右脚向左插步；同时，右手持剑自右向上、向左划一小弧，翻转举于头前。

（3）歇步时，后腿膝关节伸于前腿膝窝外侧，两腿贴紧，臀部坐近后脚跟。

十五、进步绞剑

【练法】

1. 虚步提剑

身体略右转，两腿蹬伸，左腿屈膝，右脚向前上步，成右虚步；同时，右手握剑，虎口向前上方，立剑上提；左剑指弧形前摆，附于右前臂内侧，手心向下。（图15–1、图15–2）

图15–1

图15–2

2. 上步绞剑

右脚向前活步，全脚着地，重心前移；同时，右手握剑绞剑；左剑指向下、向左划弧侧举，腕略高于肩，手心向外，指尖向前，臂成弧形。（图15-3）

图15-3

3. 上步绞剑

左脚向前摆脚上步，重心前移，右脚跟提起；同时，右手握剑再次绞剑；左剑指不变。（图15-4）

图15-4

4. 弓步绞剑

右脚向前上步，成右弓步；同时，右手握剑继续绞剑前送；左剑指经上向前附于右前臂上，手心向下。（图15-5 ~ 图15-7）

图15-5

图15-6

图15–7

【要点】

（1）上步要轻灵平稳，重心不可忽高忽低。本式连续上步，上一步，绞一剑，共上三步，行进方向为西南，与绞剑协调一致。

（2）绞剑为平剑，沿逆时针方向在胸前划弧一周，手心向上，剑尖向前，力点在剑刃前端。绞剑时，腕关节要松活，与剑尖对称划圈。

十六、提膝收剑

【练法】

1. 后坐收剑

重心后移，上体略左转，左腿屈膝半蹲，右膝微屈；同时，右手握剑屈肘回抽，收至左腹前，手心向上，剑身平直，剑尖向前；左剑指附于剑柄上。（图16–1、图16–2）

图16–1

图16–2

2. 独立上刺

重心前移，身体略右转，右脚自然直立，左腿屈膝提起，成右独立步；同时，右手握剑向前（西南）上方刺出，手心向上；左剑指附于右腕内侧。（图16–3）

图16–3

【要点】

（1）刺剑指向斜上方，剑尖略高于头。上体保持端正舒展。

（2）独立时，重心稳定，右腿屈膝上提不得低于腰部。

十七、虚步下截

【练法】

1. 落脚带剑

右腿屈膝半蹲，左脚向左落步，脚跟着地，上体略左转；同时，右手握剑随转体屈肘外旋向左上方带剑，手心向里，腕同头高，剑尖向右；左剑指向下、向左划弧至左胯旁，手心斜向下。（图17–1）

图17–1

2. 虚步截剑

重心左移，左脚踏实，屈膝半蹲；上体右转，右脚向左移半步，脚尖点地，成右虚步；同时，右手握剑，剑随转体略向左带，继而向右下方截剑至右胯旁，剑尖向左前，与膝同高，劲贯剑身下刃；左剑指向上，臂成弧形，举于头侧上方，手心斜向上。（图17–2、图17–3）

图17–2

图17–3

【要点】

（1）左脚落步方向为东南；虚步方向为西南，头转看西北。

（2）带剑与转腰、落脚协调一致；截剑与转腰、虚步协调一致。

（3）截剑为用剑刃截断对方攻势，力点达于剑下方。

十八、左右平带

【练法】

1. 提腿送剑

左膝微屈，右腿屈膝提起，脚尖下垂；同时，右手握剑立剑向前伸送，与胸同高，右臂自然伸直，剑尖略低于手；左剑指经上向前附于右前臂内侧。（图18-1）

图18-1

2. 弓步带剑

右脚向右前方（西偏北）落步，重心前移，上体略右转，成右弓步；同时，右手握剑前伸，手心转向下之后，屈肘向后带剑至右肋前，剑尖斜向前；左剑指仍附于右前臂内侧。（图18-2、图18-3）

图18-2

图18-3

3. 上步送剑

重心前移，左脚收至右脚内侧，再向左前方（西偏南）上步，脚跟着地；同时，右手握剑先向后收，再向前伸送。（图18-4、图18-5）

图18-4

图18-5

4. 弓步带剑

重心前移，成左弓步；同时，右前臂外旋，手心向上，屈肘向左后带剑至左肋前，剑尖斜向上；左剑指经下向左、向上划弧，臂成弧形，举于头侧上方，手心斜向上。（图18-6、图18-7）

图18-6

图18-7

【要点】

（1）带剑指平剑，由前向侧后方抽割，力点沿剑刃由后向前滑动。带剑时，臂先伸后屈，腕高不过胸，剑尖斜向前，随屈腿前弓向右后或左后抽带。弓步与带剑应协调一致。

（2）弓步方向斜向正西偏北和偏南约30°；剑把斜向侧后方；剑尖前后移动应大体保持在中线附近，不可左右摆动过大。

十九、弓步劈剑

【练法】

1. 回身下截

重心前移，右脚摆步向前，屈膝半蹲；左腿自然伸直，脚跟提起，上体右转；同时，右手握剑向右后方下截；左剑指屈肘向下附于右肩前，手心斜向下。（图19-1 ~ 图19-3）

图19-1

图19-2

图19-3

图19-3附图

2. 弓步劈剑

上体左转，左脚向前上步，成左弓步；同时，右手握剑经上向前劈剑；左剑指经下向左上方划弧，臂成弧形，举于头侧上方，手心斜向外。（图19-4～图19-6）

图19-4

图19-5

图19-6

【要点】

（1）回身下截时，上步转体形成交叉步，剑的走势为平弧向右后下方摆动，手心翻转向下，右臂与剑成一条斜线。

（2）整个动作要连贯，交叉步与回身截剑协调一致，弓步与劈剑协调一致，弓步方向为正西。

二十、丁步托剑

【练法】

1. 提膝后截

重心前移，右腿屈膝上提，成独立步，上体右转并微前倾；同时，右手握剑向右后下方截剑，手心向下；左剑指屈肘摆至右肩前，手心也向下。（图20–1、图20–2）

图20–1

图20-2

图20-2附图

2. 丁步托剑

右脚向前（西北）落步，屈膝半蹲；左脚跟步，脚尖点地；同时，右手握剑屈肘向上托剑，剑尖向右；左剑指附于右腕内侧，手心向前。（图20-3、图20-4）

图20-3

图20-4

【要点】

（1）托剑为立剑，由下向上托架，手心向里，腕与头平，力达剑下刃。

（2）提膝后截时，上体稍前倾，动作不可停顿，左腿支撑不可过直，右腿屈膝前提。截剑斜向右下方，方向为正北偏东。

（3）托剑定势方向为正北偏西。丁步时，右腿屈膝半蹲，左脚前脚掌虚点于右脚旁。

二十一、分脚后点

【练法】

1. 上步转身

左脚向左前方（西北）上步，脚尖内扣，左膝微屈；上体右转（约90°），右脚以前脚掌为轴，脚跟内转，右膝微屈；右手握剑使剑尖向右、向下划弧，至腕与剑同高，手心斜向上，剑尖斜向下；左剑指仍附于右腕上。（图21-1）

图21-1

2. 撤步穿剑

右脚向前（西）撤步，右腿自然伸直；左脚以脚跟为轴，脚尖内扣碾步，屈膝半蹲。身体右转（约90°）；同时，右手握剑，剑尖领先，经下向后划弧穿至腹前，手心向外，剑尖向右，稍低于腕；左剑指仍附于右腕上。（图21-2）

图21-2

3. 弓步穿刺

重心右移，右腿屈膝前弓，成右弓步，上体略右转；同时，右手握剑沿右腿内侧向前穿刺，与肩同高；左剑指向左后方划弧摆举，与肩同高，手心向外。（图21-3）

图21-3

4. 并步绕剑

重心前移，左脚向右脚并步，两腿屈膝半蹲，上体略左转；同时，右手握剑外旋，剑柄领先，向上、向左、向下划弧至左胯旁，手心向内，剑尖向左上方；左剑指向上划弧，在头侧与右手相合后，屈肘下落附于右腕内侧。（图21-4、图21-5）

图21-4

图21-5

5. 提膝提剑

左腿自然伸直；右腿屈膝提起，脚尖自然下垂。上体右转（约90°）；同时，右手握剑，以剑柄领先，前臂内旋，立剑反握，提剑上举至头前上方，手心向右，剑尖向前下方；左手剑指外旋，向前下方伸出至右脚踝内侧前上方，手心向前上方。（图21-6、图21-7）

图21-6

图21-7

6. 分脚点剑

右脚向前（西）摆踢成分脚；同时，上体向右拧转，随转体右手握剑经上向右后方（东北）点剑，腕同肩高；左剑指向左上方摆举，臂成弧形，举于头侧上方，手心斜向上。（图21-8）

图21-8

图21-8附图

【要点】

（1）弓步与穿刺协调一致，提膝与提剑协调一致，分脚与后点剑协调一致。绕剑、提剑走成一个立圆。碾脚转身、撤步弓腿转换要灵活连贯。

（2）整个动作要连续圆活，一气呵成。

（3）定势时，上体保持中正，分脚方向为正西，点剑方向为东北。

二十二、仆步穿剑

【练法】

1. 退步摆剑

左腿屈膝半蹲，右腿屈膝向后退步，成左弓步；同时，上体左转，随转体右手握剑弧形向体前摆举，腕同胸高，手心向上，剑身平直，剑尖向前；左剑指下落，屈肘附于右前臂内侧，手心向下。（图22-1、图22-2）

图22-1

图22-2

2. 侧弓步斩剑

随身体重心后移，以两脚掌为轴碾步，身体右转（约90°），成右横裆步；同时，右手握剑经胸前向右摆举斩剑，右臂微屈，手心向上，剑尖略高于腕；左剑指向左分展侧举，与腰同高，左臂微屈，手心向外。（图22-3）

图22-3

3. 转腰带剑

重心左移，成左横裆步，上体略左转；同时，右手握剑屈臂抽带，举至头前上方，手心向内，剑身平直，剑尖向右；左剑指向上附于右腕内侧，臂成弧形，手心向前。（图22-4）

图22-4

图22-4附图

4. 仆步落剑

左腿屈膝全蹲，成右仆步，上体略右转；同时，右手握剑向下置于裆前，手心向外，使剑立剑落至右腿内侧，剑尖向右；左剑指仍附于右腕。（图22-5）

图22-5

图22-5附图

5. 仆步穿刺

重心右移，右脚尖外展，左脚尖内扣碾步，成右弓步；同时，身体右转（约90°），随转体右手握剑沿右腿内侧向前立剑穿出，腕同胸高，右臂自然伸直，手心向左；左剑指仍附于右腕内侧。（图22-6）

图22-6

【要点】

（1）持剑右斩和左举要与重心右左转换相协调，重心保持平衡，上体不可摇晃。

（2）剑沿腿、臂或身体顺剑尖方向伸出为穿剑。穿剑多与刺剑连接形成攻击动作，力点在剑尖。本式定势方向为正东。

（3）仆步时，一腿屈膝全蹲，脚尖与膝关节稍外展；另一腿向体侧自然伸直，贴近地面，脚尖内扣，两脚皆全脚踏地，不可掀脚拔跟；上体可稍向前倾。

二十三、蹬脚架剑

【练法】

1. 转腰带剑

右脚尖外展，重心前移，左脚跟提起，身体右转；同时，右手持剑向右后方带剑至头侧（腕距右颊约10厘米），手心向外，剑尖向前；左剑指屈肘附于右前臂内侧，手心向右。（图23-1、图23-2）

图23-1

图23-2

2. 提膝举剑

右腿自然直立，左脚经右脚踝内侧屈膝提起，脚尖自然下垂；同时，右手提剑略向上举。（图23-3）

图23-3

3. 蹬脚架剑

左脚以脚跟为力点向前（东）蹬脚；同时，右手握剑上架，右臂稍屈；左剑指向前指出，左臂自然伸直，腕同肩高，手心向前，指尖向上。（图23-4）

图23-4

【要点】

（1）定势时，剑尖、剑指、蹬脚保持同一方向。左臂、左腿上下相对；剑指、剑尖上下相对。上体保持正直舒展，平衡稳定。

（2）蹬脚高于水平，架剑高过头顶，剑身保持水平，剑指经下颌向前指出。

二十四、提膝点剑

【练法】

左腿屈膝，成右独立步，上体略右转；同时，右手握剑向右前（西南）下方点剑，剑尖与右膝同高；左剑指屈肘右摆，附于右前臂内侧，手心向下。（图24）

图24

【要点】

（1）左腿屈膝、扣脚与点剑应协调一致。

（2）定势时，独立站稳，左腿屈膝高提，小腿内收，脚尖内扣；上体向西南，略向前倾。点剑方向亦为西南。

二十五、仆步横扫

【练法】

1. 弓步沉剑

右腿屈膝半蹲，左脚向左后方（东北）落步，成左弓步，上体略左转；同时，左手剑指屈肘内旋，经左肋向后反插至左腿外侧，手心向后；右手握剑沉腕下落。（图25–1）

图25–1

2. 仆步扫剑

身体重心左移，身体左转（约90°），左腿屈膝，脚尖外展；右脚跟外展碾步，成左弓步；同时，右手握剑向左平扫，腕同腰高，手心向上，右臂微屈，剑尖向前下方，略低于腕；左剑指经左向上划弧，臂成弧形举于头侧上方，手心斜向上。（图25-2、图25-3）

图25-2

图25-3

【要点】

（1）扫剑为转腰挥臂，平剑由后向前、由右向左划弧扫摆，力在剑刃，高度可为腰、腿、踝等部位。本式扫剑由仆步转弓步，高度由踝部升至腰部。

（2）定势时，弓步斜向东北，剑尖也摆向东北。

（3）仆步时，稍微停顿，使动作尽量准确充分。

（4）转接弓步时，转髋、立腰、落臀，右脚也可做成脚尖内扣。

二十六、弓步下截

【练法】

1. 收脚拨剑

身体重心前移，右脚收至左脚内侧（脚不触地）；同时，右手握剑内旋划弧拨剑，腕同腰高，手心向下，剑尖向左前下方；左手剑指屈肘下落附于右腕内侧，手心向下。（图26-1）

图26-1

图26-1附图

2. 弓步截剑

右脚向右前方（东南）上步，成右弓步，上体略右转；同时，右手握剑向右前方划弧截剑，右臂微屈内旋，腕同胸高，虎口斜向下，剑尖指向左前下方；左剑指仍附右腕内侧。（图26-2、图26-3）

图26-2

图26-3

3. 收剑拔剑

身体重心移至右腿，左脚收至右脚内侧（脚不触地），上体右转；同时，右手握剑外旋划弧拔剑至右胯旁，手心向上，剑尖向右前下方；左剑指附于右腕内侧，手心向下。目视剑尖。（图26-4）

图26-4

4. 弓步截剑

左脚向左前方（东北）上步，重心前移，右脚跟外展，成左弓步，上体左转（约45°）；同时，右手握剑向左划弧截剑至身体左前方，右臂微屈外旋，腕同胸高，手心斜向上，剑尖指向右前下方；左剑指向左上方划弧摆举，臂成弧形举于头侧上方，手心向外。（图26-5、图26-6）

图26-5

图26-6

【要点】

（1）划弧拨剑时，屈臂翻腕，剑尖形成一小圆弧。截剑时，弓腿转腰，动作柔和连贯。整个过程要以腰带臂，以臂领剑，转腰旋臂，肘关节屈伸，剑把左右弧线大于剑尖弧线。

（2）定势后，左弓步方向斜向东南、东北、剑尖停于中线附近。

（3）截剑时，力点为剑下刃前部，剑身方向斜向左前下方和右前下方。

二十七、弓步下刺

【练法】

1. 震脚带剑

身体重心前移，右脚在左脚后震脚，随之屈膝半蹲，左脚跟提起，上体略右转；同时，右手握剑屈肘回带至右肋前，手心向上，剑尖向前，略低于手；左剑指先前伸，复随右手回带附于右腕内侧，手心向下。（图27-1、图27-2）

图27-1

图27-2

2. 弓步下刺

左脚向左前方（东北）上步、重心前移成左弓步，上体左转发力；同时，右手握剑向左前下方刺出，腕同腰高，手心向上；左剑指仍附于右腕内侧，手心向下。（图27–3、图27–4）

图27–3

图27–4

【要点】

（1）震脚与刺剑均为发力动作。震脚时，左腿屈膝支撑；右腿屈收，右脚全脚掌用力向地面震踏，用力沉实完整。随之重心移向右腿，上体右转，两手屈蜷，将剑收至腰间。

（2）刺剑发力时，转腰沉胯，顺肩伸臂，力达剑尖，松弹快速地将剑向前下方刺出。

（3）定势方向为东北。

二十八、左右云抹

【练法】

1. 收脚合剑

随身体重心前移，右脚收至左脚内侧（脚不触地），身体略左转；同时，右手握剑沉腕略向左带，腕同腰高，右臂微屈，手心向上，剑尖略低于手；左剑指略向左摆，再经胸前向右划弧合于右臂，手心向右。（图28-1）

图28-1

2. 上步削剑

右脚向右（南偏东）上步成右横裆步，上体右转；同时，右手握剑向右上方划弧削剑，右臂微屈；左剑指向左划弧分展举于左前方，高与腰平，手心向外。（图28-2、图28-3）

图28-2

图28-3

3. 盖跳步云剑

上体略右转，身体重心右移；继而上体略左转，左脚向右盖步，左膝微屈；右脚在左脚即将落地时蹬地，屈膝后举于左小腿后；同时，右手握剑在面前逆时针划弧云剑，摆至体前左侧，腕同胸高，右臂微屈，手心向下，剑尖向左上方；左剑指与右手在胸前相合，附于右腕内侧，手心向下。（图28-4、图28-5）

图28-4

图28-5

4. 弓步抹剑

右脚向右上步，成右弓步，上体右转；同时，右手握剑向右抹剑至右肩前方，手心向下；左剑指仍附于右腕内侧。（图28-6、图28-7）

图28-6

图28-7

5. 收脚带剑

身体重心右移，左脚收至右脚旁（脚不触地），身体略右转；同时，右手握剑屈肘向右带，腕同腰高，剑尖向左前；左剑指仍附于右腕内侧。（图28-8）

图28-8

6. 上步摆剑

左脚向左（北偏东）上步，成左弓步，上体左转；同时，右手握剑向前伸送后，向左平摆，腕同胸高，手心向下，剑尖向前；左剑指经前向左划弧摆举至体侧，手心向外。（图28-9、图28-10）

图28-9

图28-10

7. 盖跳步云剑

身体重心左移，右脚向左盖步；右脚将落地时，左脚蹬地，屈膝后举于右小腿后，脚尖下垂（离地约10厘米）；上体略右转；同时，右手握剑在面前顺时针划圆云剑，摆至体前右侧，腕同胸高，手心向上，剑尖向右上方；左剑指在云剑时向右与右手相合，附于右腕内侧，手心向下。（图28-11~图28-13）

图28-11

图28-12

图28-13

8. 弓步抹剑

左脚向左上步，成左弓步，上体略左转；同时，右手握剑向左抹剑至左肩前方，手心向上；左剑指向左划弧，臂成弧形举于头侧上方。（图28-14、图28-15）

图28-14

图28-15

【要点】

（1）云剑时，以腕关节为轴，屈腕旋转，使剑在头前或上方平圆环绕，以拨开对方进攻，力点在剑刃。

（2）抹剑为平剑，自左向右或自右向左划弧抽割。抹剑时，剑把领剑，力点沿剑刃自后向前滑动。

（3）盖步为一脚经支撑脚前向异侧横落。本式盖步在将落地时，支撑脚蹬地，屈膝后举，两脚有短暂的换跳过程，动作要轻灵、平缓、柔和。盖步时，脚应稍偏前落地，成“之”字形行进，以利身体松正稳定。

（4）定势时，弓步方向分别为正南偏东和正北偏东。

二十九、右弓步剑

【练法】

1. 收脚抡剑

身体重心前移，右脚抬起，身体左转；同时，右手握剑，剑把领先经下向左后方划弧抡摆至左腹前，右臂微屈，手心斜向上，剑尖向左后下方，与胯同高；左手剑指屈肘向下落，与右前臂交叉。手心向外。（图29-1）

图29-1

图29-1附图

2. 弓步劈剑

右脚向右前（东南）上步，成右弓步，上体略右转；同时，右手握剑经上向前划弧劈剑，腕同胸高，剑臂一线；左剑指经下向左划弧，臂成弧形举于头侧上方，手心向外。（图29-2、图29-3）

图29-2

图29-3

【要点】

（1）抡剑与收脚一致，举剑与上步一致，劈剑与弓步一致，整个动作连贯协调。

（2）定势时，右臂与右腿上下相对，劈剑与弓步方向皆为东南。

三十、后举腿架剑

【练法】

1. 摆步挂剑

身体重心前移，左脚摆步向前（东南），屈膝半蹲，右脚跟提起，上体左转；同时，右手握剑向左挂剑，腕同腰高，剑尖向左；左剑指屈肘下落附于右前臂上，手心向下。（图30-1、图30-2）

图30-1

图30-2

图30-2附图

2. 后举腿架剑

左腿直立，右腿屈膝，后举小腿，脚面展平同臀高，上体略左转；同时，右手握剑上架（离头部约10厘米），剑尖向左；左剑指经面前向左摆举，左臂微屈，指尖向上。（图30-3）

图30-3

图30-3附图

【要点】

（1）此式为平衡动作，独立支撑站稳；上体保持正直并向左后扭转；右脚屈膝经身后向左侧上举，脚底向上。

（2）剑指、剑尖、后举腿及目视方向皆为同一方向，指向西北。

（3）架剑时，臂先屈后伸，举剑至头上方，剑身保持水平。

（4）架剑与后举腿及剑指动作协调一致。

三十一、丁步点剑

【练法】

1. 落脚摆剑

左腿屈膝，身体略右转，右脚向右（东南）落步，脚跟着地，右腿自然伸直；同时，右手握剑略向右摆举使剑尖向上，高于右腕。（图31-1）

图31-1

2. 丁步点剑

重心右移，身体右转，右脚踏实，屈膝半蹲；左脚跟至右脚内侧，脚尖点地，成左丁步；同时，右手握剑向前下点击，腕同胸高；左剑指经体前向右划弧屈肘附于右腕内侧。（图31–2、图31–3）

图31–2

图31–3

【要点】

（1）丁步与点剑协调一致。

（2）定势方向为东南。

三十二、马步推剑

【练法】

1. 撤步收剑

左脚向左后方（西北）撤步，左腿屈膝；随身体重心后移，右脚擦地收撤半步，脚跟提起，右腿微屈，上体向右拧转；同时，右手握剑，虎口向上，屈肘收至右肋旁，剑身竖直，剑尖向上；左剑指附于右腕，手心向下。（图32-1、图32-2）

图32-1

图32-2

2. 马步推剑

左脚蹬地，身体重心前移。右脚向右前方上步，脚尖内扣；左脚随之滑动跟进，两腿屈膝半蹲，成马步，上体左转；同时，右手握剑向右前方（东南）发力平推，腕同胸高，剑尖向上，力贯剑刃；左剑指经胸前向左推举，手心向外，指尖向前，与肩同高。（图32-3、图32-4）

图32-3

图32-4

【要点】

（1）本式为第三次发力，发力前要收脚转腰蓄劲，随之快速展放，将剑推出。推剑时，转腰、蹬腿、沉胯，快速发力，并与马步协调一致。

（2）推剑为立剑，由内向外推挡或推击，力点在剑刃后部，剑身保持竖直。

（3）右脚收撤与左脚跟进，皆要沿地面滑动，脚不离地。滑动距离根据需要，灵活掌握。

（4）马步时，两脚平行分开，左右约三脚宽，脚尖向前，屈腿半蹲，沉髋收臀，顶头立腰，上体保持正直。本式马步脚尖与胸部方向皆向东北。

三十三、独立上托

【练法】

1. 插步挽剑

身体重心左移，右脚向左插步，身体右转；同时，右手握剑以腕为轴，外旋翻转手腕，使剑尖经下向后、向上在右臂外侧立圆绕转至头部右侧，剑尖向右上方，虎口仍向上，腕同胸高；右剑指略向前摆举。（图33-1、图33-2）

图33-1

图33-2

2. 转身摆剑

随身体重心后移，两腿屈膝下蹲，并以左脚跟、右脚掌为轴碾步，身体向右后转（约180°）；同时，右手握剑前臂内旋，剑柄领先向下，再向右后方划弧摆至右膝前上方，剑尖向前；左手剑指屈肘向右附于右腕内侧，两手心皆向下。（图33-3、图33-4）

图33-3

图33-4

3. 独立托剑

上体略右转，右腿自然直立，左腿屈膝提起，成右独立步；同时，右手握剑内旋向上托举，停于右额侧上方（约10厘米），剑身平直，剑尖向前；左剑指屈肘附于右前臂内侧，手心向外。（图33–5）

图33–5

【要点】

（1）挽剑时，完全以腕、指着力成腕花，握剑要松活，使剑柄在掌中灵活转动。

（2）碾脚转身时，屈腿转髋，上体保持正直。

（3）向上托剑时，右臂内旋，先屈后伸，向上举架过头，并与提膝独立协调一致。

（4）定势时，保持平衡稳定，立腰顶头，沉肩舒臂。方向为正西。

三十四、进步挂点

【练法】

1. 摆步左挂剑

左脚前落摆步，身体重心前移，右脚跟提起，上体左转；同时，右手握剑向左下方划弧挂剑，手心向内；左剑指屈肘附于右前臂内侧，手心向外。（图34-1）

图34-1

2. 摆步右挂剑

身体重心前移，右脚摆步向前，上体略右转；同时，右手握剑经上向前划弧，前臂外旋，手心向上，剑尖向前，低于右腕；左剑指仍附于右前臂内侧，手心向右。（图34-2、图34-3）

图34-2

图34-3

身体重心前移，右脚踏实，左脚跟提起，上体右转；同时，右手握剑向右下方划弧挂剑，手心向外；左剑指向上，臂成弧形举于头侧上方，手心向左。（图34-4）

图34-4

3. 摆步举剑

身体重心前移，左脚外摆向前（西偏北）上步，脚跟着地，身体略左转；同时，右手握剑向上伸举，手心向上，腕同头高，剑尖向后下方；左剑指下落至与肩同高，手心向外。（图34-5）

图34-5

4. 虚步点剑

身体重心前移，左脚踏实，屈膝半蹲；右脚向右前方（西偏北）上步，成右虚步，上体左转（约90°）；同时，右手握剑经上向右前下方点剑；左剑指经下向左划弧，臂成弧形举至头侧上方，手心向外。（图34-6、图34-7）

图34-6

图34-7

【要点】

（1）挂剑为立剑后勾，剑尖由前向下、向后贴身划立圆勾挂，以剑身格开对方进攻。挂剑力点在剑刃前部。挂剑时，应转腰、旋臂、屈腕，做到身械协调，动作连贯。

（2）本式左右挂剑行进方向，为向西摆脚上步；虚步点剑方向，应斜向西偏北约30°。

三十五、歇步崩剑

【练法】

1. 转身带剑

身体重心前移，右脚跟内转踏实，右腿屈膝半蹲，左脚跟提起，上体右转；同时，右手握剑翘腕向下沉带至右胯旁，手心向内，剑尖向左上方；左剑指屈肘下落附于右腕上，手心向下。（图35-1）

图35-1

图35-1附图

2. 上步反撩剑

右腿屈膝；左脚向左前扣脚上步，成右侧弓步，上体右后转；同时，右手握剑经下向右划弧反撩，腕同胸高，手心向后，剑尖向右；左剑指经下向左划弧摆举至与肩平。（图35-2）

图35-2

3. 歇步崩剑

重心后移，右脚向左脚后插步，成歇步，身体略右转；同时，右手握剑外旋，虎口向上，沉腕崩剑，腕同腰高，剑尖斜向上；左剑指向上划弧，举于左上方，手心斜向上。（图35-3、图35-4）

图35-3

图35-4

图35-4附图

【要点】

（1）本式步法经过碾脚、扣脚、插步、屈蹲一系列变化，并加上向后转身过程，动作衔接应做到连贯圆活，一气呵成。

（2）步法行进方向，仍沿西偏北斜线。定势为歇步，目视东偏南。

（3）上崩剑是沉腕上翘，剑身斜向前上方，剑尖略高于头。

三十六、弓步反刺

【练法】

1. 提膝侧举剑

右脚踏实；左腿屈膝提起，脚尖下垂，上体稍左倾；同时，右手握剑侧举，剑身斜置于右臂上方，手心向前，剑尖向左上方；左剑指下落，与肩同高。（图36–1）

图36–1

2. 弓步反刺剑

左脚向左（西偏北）落步，重心前移，成左弓步，上体略向左转；同时，右手握剑向前上方探身反刺；左剑指向右与右臂在体前相合，附于右前臂内侧。（图36–2、图36–3）

图36–2

图36–3

【要点】

（1）反刺剑为右臂内旋，虎口向下，立剑反握向前刺出。本式为探身反刺，上体应向前伸探，并稍向左倾转，右臂与剑成直线，刺向前上方。

（2）定势方向，斜向西偏北约30°。

三十七、转身下刺

【练法】

1. 扣脚收剑

身体重心后移，身体右转，左脚尖内扣；同时，右手握剑外旋，屈肘挑收至左肩前，手心向内，剑尖向右；左剑指附于右腕内侧，手心向外。（图37-1、图37-2）

图37-1

图37-2

2. 提膝转身

身体重心左移，右脚屈膝提起，脚尖下垂，以左脚掌为轴碾步，身体右后转；同时，右手握剑向右摆至右胸前，剑尖向下划弧至右膝外侧，手心向上，剑尖斜向下；左剑指仍附于右腕上。（图37–3）

图37–3

3. 弓步下刺剑

身体继续右转，右脚向右后方（西南）撤步，重心移至右腿；左脚内扣，成右弓步；同时，右手握剑向前下方刺出，腕同腰高，手心向上；左剑指附于右腕上，手心向下。（图37–4～图37–6）

图37-4

图37-5

图37-6

【要点】

（1）扣脚收剑时，右臂先外旋，再屈肘、屈腕收至左肩前。

（2）提脚转身要灵活连贯。

（3）弓步与下刺剑协调一致。定势时，上体稍向前倾，方向为西南。

三十八、提膝提剑

【练法】

1. 后坐绕剑

身体重心后移，上体左转，左腿屈膝半蹲，右腿自然伸直；同时，右手握剑，以剑柄领先，屈臂外旋，向左上方绕剑（距头部约20厘米），手心向内，剑尖向右；左剑指附于右前臂内侧，手心向外。（图38–1）

图38–1

2. 前弓腿绕剑

身体重心右移，右腿屈膝，左腿自然伸直，上体略右转；同时，右手握剑，剑柄领先，前臂内旋，向下、向右划弧，经腹前绕至右胸前（约30厘米）；左剑指附于右腕内侧，两手心皆向下。（图38-2、图38-3）

图38-2

图38-3

3. 独立提剑

左腿屈膝提起，成右独立步；上体略右转，并稍前倾；同时，右手握剑，剑柄领先，向右、向上划弧提剑，臂成弧形举于身体右前方，腕同额高，手心向外，虎口斜向下，剑尖置于左膝外侧；左剑指经腹前向左划弧摆举，与腰同高，手心向外。（图38-4、图38-5）

图38-4

图38-5

【要点】

（1）左右绕剑要在体前绕成立圆，并与重心移动和转腰协调配合，动作要圆活连贯。

（2）提膝提剑时，上体要舒展，并微向左转和前倾，两臂要对称撑开，重心保持稳定。

（3）提剑时，右臂内旋，剑指沿剑面分开。

三十九、行步穿剑

【练法】

1. 落脚穿剑

右腿屈膝，左脚向左落步，脚跟着地，上体左转；同时，右手握剑，手心转向上，剑尖领先，经左肋前和左臂下向左、向前穿出，腕与腰同高，剑尖向左；左剑指向右上方划弧摆举至胸前，手心向下。（图39-1）

图39-1

2. 摆步穿剑

身体重心前移，左脚踏实，左膝微屈，右脚向右前方摆步，上体右转；同时，右手握剑，剑尖领先，向前、向右划弧穿剑，腕与胸同高，剑尖向右；左剑指经胸前向左分展侧举，臂成弧形，手心向外。（图39–2、图39–3）

图39–2

图39–3

3. 扣脚行步

身体重心前移，左脚向右前方扣步，上体略右转；两手姿势不变。（图39–4）

图39–4

4. 摆脚行步

身体重心前移，左脚向右前方摆步，上体略右转；两手姿势不变。（图39–5）

图39-5

5. 扣脚行步

身体重心前移，左脚向右前方扣步，上体略右转；两手姿势不变。（图39-6、图39-7）

图39-6

图39-7

【要点】

（1）行步共走5步，轨迹走成圆形。行步时，重心要平稳，左脚上步内扣，右脚上步外摆，沉胯拧腰，上体右转。

（2）最后一步时，左脚扣向东南，上体也扭向东南。

（3）穿剑时，剑尖先向左穿伸，再划弧转向右侧穿伸。

四十、摆腿架剑

【练法】

1. 扣剑摆腿

右手握剑右摆，随之前臂内旋，经面前屈肘向左摆至左肋前，使剑在头前上方逆时针翻扣划弧，剑尖向左上方；当右手握剑左摆至面前时，右脚向左上方踢起外摆腿，摆至右前方时屈收小腿；左剑指向上划弧，在面前与右手相合，屈肘附于右腕内侧，两手心皆向下。（图40-1～图40-3）

图40-1

图40-2

图40–3

2. 落脚抹剑

左腿屈膝，右脚向右前方（西南）落步，身体略右转；同时，右手握剑向右划弧抹剑，手心向下，剑尖向左；左剑指附于右前臂内侧，手心向下。（图40–4）

图40–4

3. 弓步架剑

重心前移，右腿屈膝前弓，左脚跟外展，成右弓步，上体略左转；同时，右手握剑上举架剑，剑尖向左前（东南）；左剑指随右手上举后经面前向左前指出，指尖向上，与鼻同高。（图40-5～图40-7）

图40-5

图40-6

图40-7

【要点】

（1）外摆腿时，左腿微屈站稳；右脚从左侧摆起，经胸前向右成扇形外摆，脚面平展，外摆幅度不少于135°，脚的高度不低于肩，同时与摆剑翻扣协调配合。

（2）向左摆剑时，应旋臂翻扣，使剑在头前上方成扇形而内合翻摆。

（3）右手领剑抹至右膝上方，即屈收上架，动作衔接要合顺。架剑前指与弓步协调一致。

（4）定势时，弓步方向为西南，剑尖、剑指及目视方向为东南。

四十一、弓步直刺

【练法】

1. 收脚收剑

身体重心移至右腿，左脚收提至右脚内侧（脚不触地）；同时，右手握剑经右向下收至右胯旁，虎口向前，剑尖向前；左剑指经左向下收至左胯旁，手心向下，指尖向前。（图41-1）

图41-1

2. 弓步刺剑

左脚向前（南）上步，成左弓步，上体略左转；同时，右手握剑立剑向前直刺；左剑指在胸前与右手相合，附于右腕内侧后向前伸送，手心斜向下。（图41–2、图41–3）

图41–2

图41–3

【要点】

（1）收剑、收脚时，上体右转，两手划弧下落。

（2）刺剑为立剑，高与肩平。刺剑与弓步方向与起势相同（南）。

四十二、收势

【练法】

1. 后坐收剑

身体重心后移，右腿屈膝，上体右转；同时，右手握剑屈肘收带至右胸前；左剑指仍附右腕随之屈收，两手心相对（准备接剑），剑身微贴左前臂外侧。（图42–1、图42–2）

图42–1

图42–2

2. 接剑上步

上体左转，重心前移，右脚上半步，成平行步；同时，左剑指变掌接剑（反持），随之经腹前向左摆于左胯旁，剑身竖直，剑尖向上；右手变剑指经下向右后方划弧，随屈肘举至头右侧，指尖向上，与头同高。（图42-3）

两腿自然伸直，成开立步，两脚平行，与肩同宽；同时，右剑指向前、向下落于身体右侧。（图42-4、图42-5）

图42-3

图42-4

图42-5

3. 并脚还原

左脚向右脚并拢，身体自然站立，两臂垂于体侧。目视前方。（图42-6 ~ 图42-8）

图42-6

图42-7

图42-8

【要点】

（1）接剑换握，要顺利交接。

（2）整个动作要连贯、圆活、柔缓、均匀。

（3）并步还原，上体仍保持松正舒展，稍停，再放松走动。

四十二式太极剑

1-11式

12-21式

22-32式

33-42式

四十二式太极剑 正面

四十二式太极剑 背面